Petra Postert • Jens Rassmus

DAS BRAUCH ICH ALLES NOCH!

TULIPAN VERLAG

Heute ist Waschtag. Mal wieder.
Und Jim will beim Sortieren helfen. Wie immer.
Wie ein Verkehrspolizist steht Papa mitten
in der Wäsche und zeigt Jim, wo was hinsoll.
»Die weißen Sachen links. Baumwolle. 60 Grad.«
»Ja, ja«, sagt Jim. Er hat es schon hundertmal gehört.
»Und die bunten Sachen rechts. Pflegeleicht.
30 Grad«, sagt Papa.
»Klar.«
»Und alles Dunkle in die Mitte. Auch 30 Grad.«
»Mmmm.«
»Aber meine dunklen Socken extra.
Hier in den Korb. 40 Grad.«
»Papasocken – Stinkesocken«, sagt Jim.

»Wäschesortieren ist anstrengend«, sagt Papa.
»Halt!«, schreit Jim. »Nichts wegschmeißen!«
Papa zieht seine Hand aus Jims Hosentasche
und öffnet sie. Da liegen ein Stein,
ein Schlüssel und ein Knopf.
Sand rieselt durch Papas Finger.
»Das kann doch alles weg«, sagt Papa.
»Nein!«, ruft Jim. »Das brauch ich alles noch!«

Der Schlüssel ist verbogen und halb verrostet.
»Nicht mehr zu gebrauchen«, sagt Papa.
»Ein Kofferschlüssel«, flüstert Jim. »Für einen großen Koffer.
Groß wie ein Schrank. Ganz aus Metall. Und mit Rollen dran.«
»Der ist bestimmt voller Geld«, sagt Papa.

»Hast ja keine Ahnung, du«, sagt Jim. »Der Koffer gehört einem Zauberer. Zauberstab. Zaubertücher. So was ist da drin. Und ...«
»Und ein Kaninchen und zwei Tauben«, fällt Papa Jim ins Wort.
»Bist du verrückt! Die würden doch verhungern.«
»Soll der Zauberer sie doch füttern«, sagt Papa.
»Wie denn, wenn er keinen Schlüssel hat?«
»Soll er ihnen was zu fressen zaubern. So was kann ein Zauberer hoffentlich.«
»Kann er nicht! Nicht ohne Zauberbuch. Das ist auch im Koffer. Mit allen Sprüchen drin.«
»Armer Zauberer«, sagt Papa.

»Gar nicht!«, sagt Jim. »Das ist ein fieser Zauberer.«
»Ach so?«
»Er hat ein Loch ins Schwimmbecken gezaubert.«
»Frechheit!«
»Und dem Dackel einen Knoten in den Schwanz.«
»Autsch!«
»Und der Opernsängerin Kröten in den Hals. Und ...«
»Jim, das reicht!« Papa verzieht das Gesicht.
»Gut, dass wir den Schlüssel jetzt haben«, sagt Jim, schnappt ihn und steckt ihn schnell ein.

»Und was ist mit diesem Knopf?«, fragt Papa.
Er dreht und wendet ihn wie einen Edelstein.
»Das ist ein Kapitänsjackenknopf«, sagt Jim.
»Du erkennst ihn am Anker.«
»Der ist bestimmt schon weit gereist.«
»Dreimal um die Welt. Sturm und Wellen«, ruft Jim.
»Die Wellen hochhäuserhoch!«

»Palmenstrand und Ananas?«
»Kein Urlaub, Papa! Kompass. Dschungel. Vogelspinne«, schmettert Jim. Und dann sagt er: »Der Kapitän, stell dir vor, ist mit dem Knopf im Spinnennetz hängen geblieben! Er hat geflucht und gezappelt und mit dem Taschenmesser schnell den Knopf abgeschnitten. Und dann ist er zum Schiff gelaufen und davongesegelt.«

»Und der Knopf?«, fragt Papa.
»Blieb erst mal im Spinnennetz«, sagt Jim. »Aber irgendwann ist ein Dschungelforscher zufällig vorbeigekommen, hat ihn rausgepult und eingesteckt. Und gleich wieder verloren.«
»Und dann hast du ihn gefunden«, sagt Papa.
»Erst hat ihn jemand anderes gefunden«, sagt Jim.
»Und verloren. Und dann noch mal das Ganze: Gefunden ...«
»... verloren«, sagt Papa.
»Und immer so weiter. Jahrelang. Bis gestern. Da habe ich ihn gefunden.«
»Seemannsgarn«, sagt Papa.
»Land in Sicht!«, ruft Jim, schnappt den Knopf und steckt ihn ein.

Jetzt liegt nur noch der Stein auf Papas Hand.
»Was ist damit?«, fragt er. »Das ist ja ein ganz schöner Brocken.«
»Die Spitze von einem Berg!«, sagt Jim.
»Huch, ein Gipfel!«
»5000 Meter war der Berg mal hoch.«
»Sag bloß!«
»Als ich die Spitze gefunden habe, lag sogar noch Schnee drauf. Der ist in meiner Hosentasche aber leider geschmolzen.«
Papa kann es nicht fassen.

»Ein Riese hat dem Berg die Spitze abgebissen«, sagt Jim.
»Der Riese war sehr wütend. Alle Bäume, die er finden konnte, hatte er schon ausgerissen. Und da ist er hoch auf den Berg, hat die Bergspitze zwischen seine Zähne genommen und – knack – war sie ab. Er hat sie weggeschleudert. Und – zong – ist sie mir vor die Füße gefallen.«

»Der Berg sieht jetzt bestimmt komisch aus,
so ohne Spitze«, sagt Papa.
»Wie ein Vulkan«, sagt Jim. »Und wenn er
lange genug übt, spuckt er irgendwann Feuer.«
Jim schnappt den Stein und steckt ihn schnell ein.

Auf einmal hat Jim keine Lust mehr,
Wäsche zu sortieren.
»Tschüss, Papa«, sagt er und ist schon
an der Tür.
»Guck mal, was ich habe!«, ruft Papa.
Und er fragt Jim: »Was ist das wohl?«
»Weißt du das denn nicht?«
»Sag du es mir.«
»Das – ist – eine – Büroklammer«,
sagt Jim.
»Und weiter?«, fragt Papa.
»Nichts weiter«, sagt Jim. »Eine
Büroklammer. Und nichts weiter.«

Petra Postert, geboren 1970 in Stuttgart, studierte Journalistik, Geschichte und Kunstgeschichte in Eichstätt und Ohio/USA. Danach arbeitete sie als Redakteurin und Autorin für den SWR-Hörfunk. Heute schreibt sie Kinderbücher und Kindergeschichten fürs Radio. Petra Postert lebt mit ihrer Familie in der Nähe von Düsseldorf.

Jens Rassmus, geboren 1967 in Kiel, studierte Illustration an der Hamburger HAW und am Duncan of Jordanstone College of Art in Dundee/Schottland. 1997 erschien mit »Bauer Enno und seine Kuh Afrika« sein erstes Buch. Seitdem hat Jens Rassmus viele weitere Bücher illustriert und geschrieben, für die er mehrfach ausgezeichnet wurde, u. a. dreimal mit dem Österreichischen Kinder- und Jugendbuchpreis. Jens Rassmus wurde 2005 für den Deutschen Jugendliteraturpreis nominiert. Er lebt in Kiel.

TULIPAN-Newsletter
Tolle Lesetipps kostenlos per E-Mail!
www.tulipan-verlag.de

© Tulipan Verlag GmbH, München 2015
Alle Rechte vorbehalten
1. Auflage 2015
Text: Petra Postert
Bilder: Jens Rassmus
Gestaltung: www.anettebeckmann.de
Druckvorstufe: bildpunkt GmbH, Berlin
Druck: Grafisches Centrum Cuno GmbH & Co. KG, Calbe
ISBN 978-3-86429-223-1